CARTOGRAFIEREA FLUXULUI DE VALOARE

- **Denumiri:** cartografierea fluxului de valori (VSM), cartografierea fluxurilor de materiale și de informații.

- **Utilizări:** această diagramă pe suport de hârtie include toate procesele de producție și gestionare și permite utilizatorilor să facă un pas înapoi de la fluxul de lucru actual și să îl reorganizeze pentru a îmbunătăți eficiența. Este utilizată în analiza îmbunătățirii proceselor, în ingineria proceselor și în îmbunătățirea continuă.

- **De ce are succes?** În anumite sectoare industriale și servicii de consultanță, acest instrument de cartografiere foarte amănunțit permite utilizatorilor să vizualizeze și să înțeleagă acțiunile întreprinse (de către companie sau de către o persoană) între momentul în care clientul face o comandă și momentul în care primește produsul sau serviciul.

- **Cuvinte cheie:**

  - <u>Îmbunătățirea continuă</u>: creșterea performanței unei companii prin încorporarea regulată a unor mici îmbunătățiri.

  - <u>Kaizen</u>: o abordare a managementului calității prin îmbunătățirea continuă.

- Timp de execuție: timpul necesar pentru a produce sau a realiza ceva.

- Lean management: un tip de management care implică toți lucrătorii și are ca scop eliminarea risipei, a surselor de ineficiență, a inhibitorilor de performanță și a etapelor inutile din procesul de producție.

- Gândirea Lean: o metodologie de afaceri care are ca scop să ofere un nou mod de gândire. Acest tip de management îi împinge pe utilizatori să analizeze organizarea activităților umane pentru a crește profitul și a responsabiliza indivizii prin eliminarea risipei.

- Cartografiere: reprezentarea funcționării unei organizații sub forma unei diagrame.

- Lanțul valoric al producției: etapele procesului de producție al unui produs sau serviciu, în ordine cronologică.

- Strategii de tip "pull" și "push": aceasta înseamnă a sugera un produs clientului (push) sau a oferi clientului ceea ce acesta cere (pull).

Indiferent dacă o companie trece printr-o perioadă de criză sau de creștere, trebuie să aibă întotdeauna o idee precisă despre fluxul de produse și canalele de comunicare aferente. Această reflecție ar trebui să cuprindă întregul proces de fabricare a fiecărui produs, pentru a-i permite să optimizeze eficiența.

Deoarece toate întreprinderile, de la start-up-uri la IMM-uri și multinaționale, urmăresc să maximizeze profiturile, tot mai mulți manageri adoptă abordarea Lean, care presupune eliminarea sistematică a deșeurilor din procesele de producție.

Cu toții putem reflecta asupra modului în care se desfășoară acțiunile la nivelul nostru din cadrul companiei. Deși este important, și chiar esențial, să ne putem pune întrebări în mod regulat ca o chestiune de rutină, trebuie să fim conștienți de faptul că, de multe ori, nu ceea ce nu știm cauzează cele mai multe probleme, ci mai degrabă ceea ce considerăm în mod greșit că este adevărat.

Urmând această logică, în unele mari companii internaționale au fost create departamente cunoscute sub numele de birouri de management al proiectelor. Scopul acestora este de a standardiza limbajul utilizat în diferite departamente și de a coordona proiectele pentru a încuraja îmbunătățirea continuă. Din aceste sinergii combinate, constructive, rezultă o metodologie unică: fiecărui angajat i se cere să folosească un limbaj clar, împărtășit de toți în toate inițiativele lansate, cu scopul de a crește semnificativ valoarea pentru clientul final.

Pentru a rămâne competitivă (adică pentru a obține o calitate superioară, costuri de producție mai mici sau un ciclu de producție mai rapid), o organizație va alege între mai multe tehnici disponibile. Una dintre acestea este cartografierea fluxului valoric, care este unul dintre cele mai de succes instrumente de producție Lean,

deoarece utilizează o diagramă simplă pentru a eviden-
ția în mod conștient zonele de îmbunătățire și
oportunitățile.

DEFINIȚIA CARTOGRAFIERII FLUXULUI DE VALOARE

Cartografierea fluxului de valoare presupune reprezen-
tarea operațiunilor, a fluxurilor de informații și a proce-
selor de date sub forma unei diagrame.

Acesta oferă o imagine de ansamblu realistă a operați-
unilor la fața locului, mai degrabă decât așa cum sunt
ele stabilite în procedurile companiei. VSM se reali-
zează întotdeauna ca parte a analizei proceselor unei
companii. Analiza proceselor poate fi impusă de condu-
cerea superioară, de un manager de operațiuni sau de
un manager de calitate pentru a crește eficiența, sau
poate fi oferită de furnizorii de servicii (cum ar fi un
consultant în domeniul îmbunătățirii) pentru a dezvă-
lui oportunități neidentificate anterior.

Într-o lume ideală, toate modificările de proces ar fi
însoțite de o verificare, sau chiar de o revizuire, dacă
este necesar, pentru a afla dacă este necesară o schim-
bare în fluxul de lucru.

 **DEȘEURILE CONFORM LUI TAIICHI OHNO**

Inginerul și omul de afaceri japonez Taiichi Ohno
(1912-1990), considerat fondatorul sistemului de pro-
ducție Toyota, a identificat șapte surse de risipă (*muda*
în japoneză) în cartea sa *Toyota Production System:*

...pentru a înțelege conceptul de VSM, putem începe prin
a sublinia cele trei componente ale sale: valoarea, fluxul
și cartografierea.

Valoare

Lanțul valoric a fost introdus în 1985 de către profesorul
american de strategie de afaceri Michael Porter (născut
în 1947) și are ca scop crearea unui avantaj competitiv.
Acesta se bazează pe analiza proceselor și procedurilor
interne ale unei companii. Astfel, fiecare acțiune din
lanț ar trebui să aibă ca rezultat percepția că a fost cre-
ată valoare (satisfacție) pentru clientul final, ceea ce
poate fi văzut în creșterea cifrei de afaceri a companiei.
Dacă termenul "valoare" se referă la o estimare a sumei
pe care clienții sunt dispuși să o plătească pentru a
obține un produs sau a utiliza un serviciu, acțiunile
reprezentate în cartografierea fluxului de valoare pot fi
descrise ca fiind "aducătoare de valoare" sau "neaducă-
toare de valoare".

* Etapele de **adăugare a valorii** include toate activită-
  țile care cresc valoarea (de piață sau funcțională) a
  produsului în ochii clientului; cu alte cuvinte, activi-
  tățile pentru care clientul este dispus să plătească.

Beyond Large-Scale Production (1988). De atunci, aces-
tea s-au extins la opt surse de deșeuri:

supraproducția, adică producția realizată mai
devreme, mai repede sau în cantități mai mari decât a
cerut clientul;

stocuri, care includ rezerve de materii prime, produse
în curs de producție și produse finite;

așteptare, care se referă la timpul de așteptare a per-
soanelor sau a pieselor pe parcursul ciclului de
producție;

mișcarea, care înseamnă mișcările inutile ale per-
soanelor sau ale materialelor în timpul procesului de
fabricație (mișcarea operatorilor);

transportul, care reprezintă transportul inutil de per-
soane sau materiale între procesele de producție
(deplasarea obiectelor);

realizarea de produse defecte, care include articole
defecte, defecte, repetiții și corecții în cadrul procesu-
lui;

procesare suplimentară, care reprezintă procesarea
peste nivelul cerut de client;

talentele neutilizate, care corespund competentelor

și să creeze mai multă valoare pentru clienți, fie că sunt
interni sau externi. Ca regulă generală, simpla luare în
considerare a principalilor factori de îmbunătățire de
mai jos va avea un impact asupra rezultatului final:

* producția "just-in-time";

* implementarea generală a unui flux continuu ori de
câte ori este posibil, cu scopul de a reduce sau chiar
de a elimina stocurile, sau introducerea de supermar-
keturi (stocuri intermediare gestionate prin loturi
Kanban);

* gruparea tuturor informațiilor referitoare la comanda
clientului într-un singur proces (cunoscut sub
numele de "proces pacemaker") care ghidează cele-
lalte procese.

Pasul 4: Crearea VSM de stare ideală

Înarmat cu observațiile dumneavoastră și cu măsurile
pe care le-ați planificat, această etapă vă va permite să
întocmiți o hartă care să detalieze oportunitățile de
îmbunătățire identificate anterior. Scopul final al VSM
de stare ideală este de a reduce timpul care nu aduce
valoare adăugată, astfel încât timpul total să fie cât
mai aproape de timpul care aduce valoare adăugată. În
general, este nevoie de aproximativ trei până la cinci
zile lucrătoare pentru a întocmi VSM-ul stării actuale și
al stării ideale.

Etapa 5: Definirea planului de acțiune

Pentru fiecare schimbare, echipa responsabilă de proiect va organiza un plan de acțiune. Va fi important să se cuantifice beneficiile și soluțiile asociate (costuri/ resurse) pentru a convinge conducerea superioară de acțiunile avute în vedere și pentru a se asigura că acestea sunt aprobate. Punerea în aplicare a unui plan de acțiune poate dura mai multe luni sau chiar mai mulți ani.

Etapa 6: Punerea în aplicare

Odată ce bugetul a fost aprobat, managementul riscurilor a fost efectuat și organizarea a fost oprită, este timpul să se pună planul în aplicare. Aceasta include dezvoltarea, acceptarea, formarea angajaților și gestionarea schimbării.

RECOMANDĂRI

Există două domenii majore cărora trebuie să le acordați o atenție deosebită: organizarea echipei și metodologia.

În cazul în care VSM nu este bine înțeles, acesta va duce la pierderi de timp.

STUDIU DE CAZ

Ne vom concentra pe starea actuală a VSM a companiei fictive Forest LPC, care produce mobilă. Familia de produse pe care o studiem pentru acest exercițiu este cea a scaunelor.

Prima fază: clientul

- Clientul este plasat în colțul din dreapta sus.

A doua fază: Procesul de fabricație

- Această etapă cuprinde patru procese: vopsirea, asamblarea, ambalarea și expedierea.

- Alături de fiecare proces se află posturile de lucru și informațiile importante (durata ciclului, timpul de schimbare sau de modificare a unei mașini pentru a produce un alt produs, turele și așa mai departe).

- De asemenea, se completează stocurile intermediare din fiecare etapă.

A treia fază: Furnizorul

- Furnizorul este indicat în colțul din stânga sus.

- Livrarea săptămânală se face cu camionul.

A patra fază: Informații

- Previziunile săptămânale privind cererea sunt trimise de către client către companie prin e-mail.

- Comenzile sunt transmise furnizorului prin fax.

- Fiecărui post intern din cadrul companiei i se oferă un program săptămânal.

- Fluxurile de informații și fluxurile fizice (sau materiale) sunt astfel clar reprezentate.

A cincea fază: Calendarul

- Sub casetele cu procesul de fabricație ș pictogramele de stoc se adaugă o cronologie.

- Procesul are un timp de execuție de 19 zile și un timp de procesare de 365 de secunde.

A șasea fază: VSM finalizat

Prin urmare, cartografierea situației actuale este finalizată. Acum este momentul să o analizăm, să observăm zonele de risipă și să identificăm posibilele îmbunătățiri. Putem enumera următoarele surse de îmbunătățire, incluzându-le pe diagramă, ceea ce ne va permite să pregătim harta situației țintă:

- bazarea planificării pe comenzile săptămânale ale clienților în loc de previziuni;

- crearea unui sistem "pull" pentru planif carea producției;

- crearea unui supermarket chiar înainte de începerea picturii;

- eliminarea respingerilor din pictură;

- combinarea proceselor de ambalare și de expediere.

IMPACT

LIMITĂRI ŞI CRITICI

Pe lângă numeroasele sale avantaje, cartografierea fluxului de valoare are şi unele limitări.

- **Posibile greşeli la întocmirea hărţii.**

    ○ Erori pot apărea din cauza colectării, transcrierii sau analizei incorecte a datelor. Pentru a evita acest lucru, apelaţi la experţi care pot analiza situaţia în mod obiectiv şi la echipe multidisciplinare.

    ○ Fiţi întotdeauna atenţi la ceea ce analizaţi, deoarece unele procese nu trebuie revizuite.

- **Este doar un instrument.** Cartografierea fluxului valoric nu este un scop în sine; ea dezvăluie problemele din companie, ajută utilizatorii să reflecteze şi, mai presus de toate, ar trebui să conducă la acţiune.

    Nu are rost să analizaţi dacă nu puneţi în aplicare un plan de acţiune! Asiguraţi-vă că nu vă împotmoliţi în faza de analiză. În plus, dacă diferite grupuri lucrează la proiecte de eficientizare, trebuie să aveţi grijă să le coordonaţi bine pentru a obţine cele mai bune rezultate din toate proiectele.

- **Neglijarea aspectelor umane şi sociale.** VSM este un instrument tehnic care se ocupă doar de aspectele fizice, de interacţiunile şi de ghidarea fluxurilor.

Acesta nu încorporează dimensiunile sociale, umane și organizaționale, care sunt totuși foarte importante într-un proiect Lean. Această tendință este și mai accentuată în sectorul industrial, unde managerii sunt foarte concentrați pe partea tehnică, dar mai puțin înclinați să se gândească la aspectele umane.

- **Utilizarea restrictivă a simbolurilor standardizate.** Simbolurile existente pot frâna căutarea de soluții inovatoare. Cu toate acestea, inovarea este din ce în ce mai necesară pentru companiile care încearcă să rămână competitive.

MODELE ȘI EXTENSII CONEXE

DMAIC

Modelul DMAIC (Define, Measure, Analyse, Improve, Control) este o abordare structurată care permite utilizatorilor să rezolve problemele. Acesta oferă echipei de îmbunătățire continuă o bază de lucru în cinci etape. În această metodă puternică de gestionare a proiectelor Lean, etapa de definire este esențială.

- Definirea: identificarea obiectului de studiu și descrierea obiectivului activității care urmează să fie efectuată de către echipă.

- Măsură: colectarea de informații pentru a completa harta proceselor și definirea indicatorilor de performanță pentru monitorizarea eficientă a proiectului.

- Analiza: identificarea cauzelor problemelor şi analiza surselor acestora.

- Îmbunătăţirea: propunerea de soluţii, planificarea acţiunilor, implementarea măsurilor alese.

- Control: compararea efectelor aşteptate şi a rezultatelor obţinute după implementarea soluţiilor, comunicarea privind proiectul, revizuirea pentru a trage concluzii.

Producţia Lean

Această metodă binecunoscută de eliminare a risipei necesită o anumită inteligenţă colectivă pentru a obţine rezultate convingătoare: echipele care lucrează la acest proiect Lean trebuie să fie motivate, coordonate şi hotărâte să găsească soluţii. Cele cinci elemente cheie sunt:

- definirea valorii adăugate din punctul de vedere al clientului;

- identificarea lanţului valoric în ceea ce priveşte diferitele etape de producţie;

- o atenţie deosebită la fluxuri, asigurându-se că etapele de creare a valorii adăugate nu sunt oprite;

- fluxurile de tragere, acordând prioritate comenzilor clienţilor în locul previziunilor;

- perfecţiune prin stabilirea unor obiective ambiţioase și prin introducerea unei dinamici de îmbunătăţire continuă.

Kaizen

Kaizen înseamnă în japoneză "îmbunătățire continuă" și se bazează pe mici îmbunătățiri introduse zilnic, cu participarea și efortul tuturor persoanelor implicate în proces.

Kaizen nu duce imediat la rezultate spectaculoase, deoarece este introdus lent, dar se dovedește adesea mult mai eficient pe termen lung. Acesta poate fi pus în contrast cu inovarea, care necesită investiții majore și implică schimbări bruște.

SIPOC

Acest instrument de modelare presupune întocmirea unui tabel general al macrofuncționării unui anumit proces. Diagrama SIPOC (Furnizori, Intrări, Proces, Ieșiri, Clienți) permite utilizatorilor să definească limitele macroprocesului, să rezume intrările și ieșirile și să identifice furnizorii și clienții. Atenție însă: reprezintă doar fluxuri de materiale.

REZUMAT

- VSM este un instrument cheie al producţiei fără austeritate. Acesta are ca scop detectarea surselor de risipă în lanţul valoric pentru o anumită familie de produse.

- În prezent, VSM este utilizat în toate domeniile industriale, deoarece răspunde nevoii universale şi crescânde de a reduce costurile de producţie.

- Este o idee bună să începeţi o transformare Lean cu cartografierea fluxului de valoare. Trebuie să cunoaşteţi nu numai diferitele etape, ci şi cele mai bune practici pentru a asigura o imagine de ansamblu clară a procedurilor care alcătuiesc o companie.

- VSM de stare curentă şi de stare ideală fac parte dintr-o metodă de îmbunătăţire continuă. Această metodă este utilizată nu numai pentru a descrie situaţia actuală, ci şi pentru a imagina şi a stabili o situaţie viitoare mai eficientă, mai receptivă, mai puţin costisitoare şi mai bine coordonată. Diagrama fluxurilor de informaţii şi de materiale permite utilizatorilor să abordeze două probleme în acelaşi timp: reducerea deşeurilor şi îmbunătăţirea condiţiilor de lucru.

- Contextul organizaţiei în jurul proiectului este esenţial pentru a asigura succesul acestuia. Echipele multidisciplinare, care includ persoane cât mai apropiate de teren, şi angajamentul ferm al conducerii

superioare sunt factori-cheie în această abordare a
schimbării.

- În cele din urmă, este de asemenea important să fim
  conștienți de limitările acestei metode. În special,
  VSM nu se concentrează pe analiza aspectelor soci-
  ale, psihologice și organizaționale.

- VSM este una dintre cele mai utilizate metode dato-
  rită ușurinței de utilizare și eficienței sale în a inspira
  utilizatorii să reflecteze.

LECTURI SUPLIMENTARE

BIBLIOGRAFIE

Davis, J. (2006) *Lean Manufacturing*. New York: Industrial Press.

Fouque, F. (2009) *À la découverte du Lean Six Sigma*. Mions: Édition Fouque.

Hohmann, C. (2009) *Techniques de productivité. Comment gagner des points de performance pour les managers et les encadrants*. Paris: Éditions Eyrolles.

Hohmann, C. (fără dată) Lean Enterprise. *Christian.Hohmann. fr.* [Online]. [Accesat la 26 iulie 2017]. Disponibil la: < http://christian.hohmann.free.fr/index.php/lean-entreprise>.

Institutul Lean Enterprise. (Fără dată) Ce este Lean? *Lean. org.* [Online]. [Accesat la 26 iulie 2017]. Disponibil la: < https://www.lean.org/whatslean/>.

Ohno, T. (1988) *Sistemul de producție Toyota: Dincolo de producția pe scară largă*. New York: Productivity Press.

Porter, M. E. (1985) *Avantajul competitiv: Crearea și menținerea unei performanțe superioare*. New York: Free Press.

Rother, M. și Shook, J. (1999) *Learning to See*. New York: Productivity Press.

Subramaniam, A. (2010) VSM - actual și viitor: Cum să maximizăm fluxul global? *SlideShare*. [Online]. [Accesat la 26 iulie 2017]. Disponibil la: < https://fr.slideshare.net/anandsubramaniam/vsm-current-future>.

Womack, J. P. şi Jones, J. T. (1996) *Lean Thinking*. New York: Free Press.

SURSE SUPLIMENTARE

Site-ul Conceptdraw: http://conceptdraw.com/samples/quality-VSM

Site-ul Marris Consulting: http://www.marris-consulting.com/

Site-ul Strategos: http://www.strategosinc.com/

VIDEO

Grupul Karen Martin. (2014) *Cartografierea fluxului valoric: Studii de caz*. [Online]. [Accesat la 26 iulie 2017]. Disponibil la: <https://www.youtube.com/watch?v=ZPNq5k24v-gY&feature=youtu.be>

Vrem să auzim de la tine!
Lasă un comentariu despre biblioteca ta online
şi împărtăşeşte cărţile tale preferate pe reţelele de socializare!

IMPROVE YOUR GENERAL KNOWLEDGE
IN THE BLINK OF AN EYE!

www.50minutes.com

Editorul asigură fiabilitatea informațiilor publicate,
care nu ar putea însă angaja răspunderea sa.

Master ISBN: 9782808600842
Hârtie ISBN: 9782808602297
Depozit legal: D/2022/12603/230

Design digital: Primento,
partenerul digital al editurilor.